AF501057

L7k
1110

TIRÉ A 210 EXEMPLAIRES.

200 sur papier blanc;

10 sur papier de couleur.

DOUZE LETTRES

DE

VICTOR LOUIS.

Bordeaux. — Typ. G. Gounouilhou, pl. Puy-Paulin, 1.

DOUZE LETTRES

DE

VICTOR LOUIS

Architecte du roi de Pologne et du duc de Chartres,
auteur du Grand Théatre de Bordeaux, etc.

1776-1777.

PARIS
DUMOULIN, LIBRAIRE,
QUAI DES AUGUSTINS, 13.

1858

Plusieurs lettres de l'architecte Louis doivent figurer dans l'ensemble d'un ouvrage que je prépare sur les objets d'art qui décorent ou meublent les édifices civils et religieux de la ville de Bordeaux. Diverses circonstances retardant encore l'impression de ce travail, j'ai dû céder aux sollicitations de personnes amies faisant autorité dans les questions historiques locales, et détacher de mon manuscrit quelques lettres de cet artiste célèbre, dont les travaux concourent pour une si large part à la grandeur monumentale de notre cité.

Les *Archives de l'Art français* (publiées sous la direction de Mr Anatole de Montaiglon), si curieuses à tant de titres, n'ont jamais reproduit des documents d'un intérêt si vif pour la ville de Bordeaux; et par le temps présent, où tout ce qui se rattache à l'histoire des arts est l'objet de recherches actives, la publication de ces lettres ne manque pas d'opportunité.

Je n'ajouterai point de réflexions à la suite de ces pages intimes, leur exposé seul doit suffire; elles ont assez de valeur pour se passer de tout commentaire [1].

CHARLES MARIONNEAU.

Bordeaux, 15 juillet 1858.

[1] Ces lettres se trouvent dans les cartons de l'ancienne Intendance de la province de Guyenne.

DOUZE LETTRES

DE

VICTOR LOUIS

A Bordeaux, ce 3 décembre 1776.

MONSIEUR[1],

Vous ne perdez pas un instant de vue les objets qui intéressent le public; c'est en donner bien la preuve que d'avoir pensé au projet que vous m'avez fait l'honneur de me communiquer au sujet de l'alignement de la rue de l'Intendance;

[1] Ces lettres paraissent adressées à M. Dupré de Saint-Maur, intendant de la province de Guyenne de 1776 à 1787.

je ne puis que l'approuver, Monsieur, et j'ose assurer que c'est la seule manière de réparer le ridicul coup d'œil du pavillon de la Bource, qui cache absolument le port. J'ai cru nécessaire non-seulement de faire un plan général, mais d'y adjouter des nottes, ainsi qu'un mémoire.

D'aignez croire, Monsieur, que la terrasse qui se trouve du côté du Chapeau Rouge, quoique paroissant pour ainsi-dire partager la rue sur le plan, apeine s'apperceveroit-t-on qu'il y en a eu une dans l'exécution, puisque ne s'élevant que de trois pieds et demi en formant un triangle très allongé, cette hauteur se trouvant au dessous du point de vüe, a peine s'apperceveroit elle; d'ailleurs il est bon d'observer que la pente de la rue de l'Intendance est de plus de 15 pieds depuis la porte Dauphine jusqu'à la place de la nouvelle salle de spectacle, de manière que cette rue formant enphitéatre, tout se confondroit; mais, à coup sûr, rien ne choqueroit le coup d'œil par cet arrangement.

Quant à la façade où se trouve la maison de Mr Rolly, il n'y a point d'inconvénient à la suivre, d'autant qu'il se rencontre un trumeau de même largeur que celui de la rue Mautrec, à l'angle de la place et de la rue de l'Intendance.

En suivant la direction du batiment de la Comédie, le pan coupé se trouveroit suprimé, et cette façade seroit parallèle à la nouvelle salle de spectacle.

Vous avez eu la bonté, Monsieur, de donner des ordres au Sr Duvau pour faire voiturer des pierres des carrières du Tasta au port de Cusac; il l'a fait pendant un mois, mais je viens d'apprendre que ledit Sr Duvau détourne tous les voituriers et les empêchent même de satisfaire aux engagements qu'ils ont contractés; ce qui fait que nous manquons de pierres quoique les carrières en soient remplis. J'ai l'honneur de vous adresser un mémoire en conséquence.

J'ay toujours vos bontés présente, et comme elles sont chères à mon cœur, je vous prie de me les conserver, en vous priant d'être convaincu du respect avec lequel je suis,

Monsieur,

Votre très humble et très obéissant serviteur.

V. LOUIS.

A Bordeaux, ce 11 janvier 1777.

MONSIEUR,

J'ay éffectivement renvoyé les trois quart et demy de mes maçons, comme vous l'aviez prévu; je n'ai gardé que sept à huit poseurs qui sont dans ces travaux depuis le commencement de la salle, en conséquence au fait de la besogne de cet attelier, j'aurois de la peine à les remplacer si je les renvoyois, et il m'en couteroit beaucoup pour les faire revenir, d'autant qu'ils travaillent ordinairement à Paris; d'ailleurs je les occupent présentement à poser de la pierre dure uniquement, et la saison n'est point contraire à ce travail. J'ai conservé une quarantaine de tailleurs de pierre à la tâche qui me taillent les clavaux des plattebandes de mon péristyle; je n'ai que très-peu de tailleurs de pierre à la journée, que j'emploie à faire des trous pour les scellements de tous mes planchers des corridors des loges de la salle; je ne puis mieux employer mon hivert qu'à forcer sur toute la charpente. Les ouvriers employent bien leur tems dans cette saison; ils font le double d'ouvrage que dans l'été.

J'ai aussi beaucoup de ménuisiers qui posent l'intérieur de la salle; la coupolle est en place; et M. Robin, qui est ici depuis trois jours, sera apporté de commencer son plafond quand il voudra. Je suis a lui faire préparer tous les échaf-faux nécessaire et indispensable pour son travail.

J'ay communiqué, Monsieur, à M. Genevois l'article de votre lettre où vous paroissez approu-ver qu'il perçoive le tiers des terreins que vous avez adjuger au Chapeau-Rouge, si toutefois il est fondé de procuration de Mr de la Sablière; il ma dit que cela lui suffisoit, et que d'ici à peu de jours il auroit cet argent, puisqu'il n'atendois que cet ordre pour le recevoir.

Puisque vous ne trouvez pas d'inconvenient, Monsieur, à ce que je remette les états de dépen-ses de la salle de spectacle à Mrs les Jurats, il faudra que vous ayez la bonté de me faire remet-tre par Mr Chauveton un des trois états que j'ai toujours donné à l'Intendance, parce que précédament Monsieur Esmangard [1] s'étoit chargé de le remettre à l'hôtel de ville, ainsi qu'à Monsieur le controlleur général; mais Monsieur de Clugny [2] n'en voulant point remettre à Mrs les officiers municipaux, ils onts restées dans les cartons de l'Intendance; je ne sçai pourquoi ces Messieurs, qui jusqu'à présent n'ont rien dit de ce retard, se déchainent contre moy de ce qu'ils ne les ont pas, ne leur ayant jamais remis ces états.

Non seulement Mr de Clugny, mais Mr l'abbé Terrai et Mr Turgot ont approuvé les honnoraires qui m'ont été fixés par une assemblée des Cent trente et une délibération en jurade du 24 juillet 1774. Comment, Monsieur, vous trouvé qu'un artiste soit trop payé que d'avoir, pour le fruit de ces peines et de ces veilles, trente mille livres en vingt-deux mois; car depuis la reprise des travaux en mars 1775 jusqu'en janvier 1777, il y a ce tems découlé. Considérez, je vous prie, la perte du tems que jai fait, car, du moment qu'on ma promi cet édifice à celui que je suis venu à Bordeaux, j'ai sacrifié deux années, parcequ'on

[1] Esmangart, intendant de Guyenne de 1770 à 1775.

[2] Intendant de Guyenne de 1775 à 1776.

me disoit que je devois partir d'un moment à l'autre, et je ne voulois me charger d'aucune affaire. Arrivé dans ce pays chargé de lettres patentes, on ma fait passer trois mois sans pouvoir commencer; enfin, après avoir mis la main à l'œuvre, j'ai senti qu'étant privé d'ouvriers et de personnes intelligentes pour me seconder, il falloit que j'abbandonnat Paris, pour me livrer tout entier à la conduitte de ce batimens, qui, j'ose dire, sans ce parti, auroit monté a un tier de plus de dépense; mais étant sur le lieu, j'y ai mis tout l'économie possible. Mais en prenant le parti de venir m'établir dans ce pays, j'abandonnai douze à quinze mille livres que je gagne annuellement dans mon pays. Je passai sur ce sacrifice pour mériter de la réputation; jettois bien loin de penser alors que la même année je serois arreté, et qu'il viendroit un ordre de Mr Turgot pour suspendre mon travail. Cependant M^r^ le contrôlleur général fit interrompre ces travaux et demanda qu'on lui rendît compte et du projet et des moyens qu'on employoient pour construire cette salle. Vous sentés, Monsieur, la position cruelle dans laquelle je me trouvois? Mon ménage transporté à cent soixante lieues de mon pays, et une dépense extraordinaire pour m'établir à

Bordeaux en quelque façon perdu. Il fallu du courage dans ma position. C'est alors que je senti que j'avois fait une sottise de quitter le certain pour l'incertain. Mais l'amour de la gloire soutient et donne la force de supporter tout. Je fu chargé par Mrs les Jurats de tous les papiers relatifs aux éclaircissements que demandoit Mr le contrôlleur général. Je passai cinq mois à Paris a donner des devis et des détails qui me furent demandé au contrat, et je fus renvoyé au bout de ce terme a mon travail avec la satisfaction que peut éprouver un artiste qui se voit comblé d'éloges flateuses sur ces projets.

Considérés, Monsieur, combien de perte de tems, combien de dépenses, combien ne faudra-t-il pas de tems de retour dans mon pays pour être employé; l'absence refroidi les amis; les jeunes artistes prennent place et se font des protecteurs. Vous n'ignorez pas, sans doute, que si j'avois été apporté de faire ma cour au duc de Chartres, j'en aurois pu obtenir beaucoup; mais je perdrai cent pour cent deux ans après le témoignage de ses bontés. Vous voyez, Monsieur, que par les petits détails que je me suis permi d'entrer avec vous, que cet ouvrage n'est pas avantageux à ma fortune, et que trente mille livres en vingt-deux mois ne dédomage que légitimement un artiste de son travail.

J'ay l'honneur d'être avec respect,

Monsieur,

Votre très humble et très obéissant serviteur.

J.-V. LOUIS.

Les serruriers viennent de me faire dire qu'ils acceptoient les cinq cents livres que je leur avois offert à chaque quinzaines jusqu'à parfait payement. Je les attend pour leur donner le premier accompte porté sur le 46e rolle.

A Bordeaux, ce 18 janvier 1777.

En parler à M. le Contr. Gén. [1].

MONSIEUR,

Il se passe des choses bien extraordinaires dans ce pays-ci; croiriez vous, Monsieur, que depuis vôtre départ, Mrs les Jurats et Mrs les Trésoriers de France sollicitent Monsieur Bertin pour obtenir de lui la permission d'employer leur architecte pour faire exécuter la façade de Mr de Rolly; qu'enfin ils ont obtenu qu'elle seroit faite par l'un des deux [2]. Il y a eu une assemblée il y a quelques jours : il a été dessidé par ces Messieurs qu'on suiveroit le projet de Mr Bonfin. Je vous laisse à penser, Monsieur, combien j'ai à me plaindre de ce procédé. Qu'il vous souvienne que vous m'avez engagé à déposer mon

[1] Cette note est de la main de M. Dupré de Saint-Maur.

[2] Les concurrents de Louis étaient MM. L'Hotte et Bonfin.

projet à l'Hôtel de Ville; c'est ce même projet qu'on a suivi en le défigurant un peu. Mr de Rolly est furieux, d'autant qu'il ne s'étoit déterminé à bâtir que pour avoir quelque chose de moy. J'avois l'attache de fer, Monsieur le Controlleur Général et vous aviez approuvé, Monsieur, ce que j'avois fait pour cette façade. Mrs les Jurats même en ma présence vous avoient promis qu'on la suiveroit; ils ne demandèrent la communication de ce dessein que pour la forme à ce qu'ils vous ont dit en ma présence; vous voyez cependant, Monsieur, qu'ils projetterent dès lors de me tromper, car c'est depuis ce temps que le Sr Bonfin a fait usage de ce qu'il avoit entre les mains; et s'ils avoient eu la volonté de suivre ce qu'ils avoient promis, il auroit empêché leur architecte de me faire cette grossièreté, et ne protégeroit pas son ouvrage. Je devrois être accoutumé aux mauvais procédés de ce pays depuis le temps qu'on en a pour moy; mais Mr de Rolly est fort décidé à laisser sa maison à bâtir, si on ne suit pas mes projets. D'ailleurs, Monsieur, cela ne s'accorde nullement avec le superbe projet que vous avez de continuer l'alignement de la façade de la Comédie du côté du Chapeau Rouge.

J'ai remis la lettre que vous avez eu la bonté de m'envoyer pour Mr Blanchet de La Sablière; en conséquence, Mr Génevois a fait des demandes; il a été refusé; aucun des acquéreurs ne lui a voulu donner, disant qu'ils n'avoient pas leurs contrats signés. En conséquence, ce Mr Génevois va les actionner, et il assure que d'ici à peu de jours il aura des fonds.

J'ai été obligé de faire un emprunt de dix mille livres pour acquitter le rolle d'aujourd'huy no 47. Je n'ai même pas reçu d'ordonnance. J'ay bien des épines à arracher; au nom de Dieu, Monsieur, faite moy finir bien vite ma salle pour que je puisse partir du pays.

Les lettres patentes ont étées enregistrées d'hier sans aucune difficultées. Les conclusions de Mr le Procureur du Roy ont étées cependant qu'on ne pourra joüer dans la salle nouvelle, que les boutiques et accessoires ne soient fini, et même loué au profit de la ville. En conséquence, vous pouriez, Monsieur, faire faire un emprunt à la ville qui me mît à même de finir dans le cour de cette année; on pourroit forcer les travaux dès ce moment; il fait le plus beau temps possible; nous n'avons eu que dix à douze jours de froid, encor pouvoit-on travailler. Si vous n'avez la charité de me retirer d'ici, j'y mourrai, car je ne puis supporter les tracasseries, et on m'en fait perpétuellement ; on veut encore m'inquietter pour la maison de Mr *de La Molère* au sujet de la tour ronde dont j'ai eu l'honneur de vous parler.

J'ay été deux fois chez M. Lombard sans pouvoir le rencontrer. C'est aujourd'huy que je donnerai le second acompte aux serruriers de cinq cents livres. Je continuerai jusqu'à parfait payement.

Je suis avec respect,

Monsieur,

Votre très humble et très obéissant serviteur.

J.-V. LOUIS.

Bordeaux, ce 22 février 1777.

Monsieur,

Comme les ouvriers viennent de toute part s'offrir pour travailler au chantier de la Comédie, je ne puis les faire arrêter sans savoir si vous aures la bonté de faire augmanter les quinzaines à l'avenir. Voilà le tems d'entrer en campagne et de forcer les travaux, si vous êtes dans l'intention de faire représenter dans la salle nouvelle de Pâques à un an. Je voudrois profiter des bons ouvriers qui viennent dans ce pays, et une fois arrêtés dans d'autres chantiers, je ne pourrai plus les avoir. Les matériaux m'arrivent à force, j'ai un nombre infini de pierres taillées, et je vous promets, Monsieur, la plus belle campagne possible, si les fonds ne me manquent pas; si le contraire m'arrive, cela me ménnera à une année de plus, tout ce qui ne sera pas couvert souffrira beaucoup, sans compter la perte qu'on fera de la non location des boutiques et accessoirs de la salle.

Monsieur Robin, peintre, venu pour éxécuter le plafond, à commencé cette bésogne il y à quelques jours; il se propose de finir ce travail d'ici à six mois; l'intérieur de la salle sera fort avancé dans ce tems, et je vous implore, Monsieur, pour ne me laisser à Bordeaux que cette année.

Mr De Rolly a fait murer sa petite maison depuis qu'il à appris que Mrs les Jurats avoient obtenus que ce seroit leur architecte qui ferait cette décoration; il est fort décidé à ne plus rien faire, à moins, Monsieur, que vous ne fassies réformer ce qui a été prononcé sur cette affaire. Les personnes qui habitent la rue Motrec s'opposent à ce que ce projet soit fini, attendu que l'arcade qu'on se propose de bâtir pour lier la maison de Mr De Rolly avec les maisons de Tourny, obscurciroit leur rue; ils ont déjà fait des requètes en conséquence

J'ay l'honneur d'être avec respect,

Monsieur,

Votre très humble et très obéissant serviteur.

V. LOUIS.

A Bordeaux, ce 8 février 1777.

En parler à M. le Control. Gén. [1]

MONSIEUR,

Le tier des emplacements que vous avez fait vendre a été payé en partie par les différents acquéreurs. Mr Genevois m'a dit qu'il regardoit ces fonds comme étant dans sa caisse. L'époque du paiement des deux tiers restant est très peu éloigné, à ce qu'il m'a dit aussi.

Je vous suis très obligé de l'ordonnance que vous avez eu la bonté de m'envoyer sur l'accompte de mes honnoraires. J'aurai grand soin de me débarrasser des serruriers le plûstot possible; je continue à leur donner toutes les quinzaines une acompte qui absorbera bientôt la

[1] Cette note, apposée en tête de la lettre, est de la main de M. Dupré de Saint-Maur.

somme qu'on leur devoit. A la faveur de vôtre lettre, j'ai été reprendre dans vos bureaux la troisième copie que j'y avois déposé pour être envoyé à l'Hôtel de Ville; il reste une suitte très exacte des rolles à l'Intendance.

Je vai remettre, comme vous me l'avez prescrit, tous les rolles de dépenses de la salle de spectacle à Mrs les Jurats. J'ai remis à un de vos secretaires la lettre de Mr Lombard, que vous m'avez fait l'honneur de me communiquer; j'imagine que je n'éprouverés plus de difficultés pour le transport par eaux des pierres pour la Comédie.

J'ay reçu l'ordonnance de dix mille pour acquitter les dépenses du 48e rolle, qui a été payé samedi 1er du courent.

Rien de plus facile, Monsieur, que de vous faire part de ce qui est arrivé au sujet de vôtre loge : il y a quinze jours, trois semaines, je ne scai pas positivement l'époque du jour, je rencontrai Mr Vincent à la porte de l'amphitéatre, qui me voyant foulé me proposa de monter à votre loge; je l'acceptai avec reconnaissance; le chevalier Morel nous suivit. Mr Vincent nous ouvrit la loge; mais quel fu ma surprise quand je vis un très jeune homme, le chapeau en tète surmonté de grandes plumes, qui dit fort intelligiblement et fort insolament à Mr Vincent qu'il vouloit aussi entrer. On eu beau lui representer que cette loge n'était pas au public, il insista en gardant la porte, qu'il empêchoit de fermer; il la força de manière qu'il prit un siége. Mr Vincent se comporta d'une manière très sage, ne lui dit que des choses très-honnête. Tout homme moins étourdy auroit été humilié, mais ce jeune homme resta près de trois quart d'heure avec l'air de l'impudence d'avoir triomphé du projet qu'il avoit apparament formé. Il prit le parti de s'en aller en fermant la porte avec dépit. Nous seumes le soir même qu'il s'appeloit le chevalier d'Osmond, neveu de l'évêque de Cominge. Je dis à Mr Duhamel, quelque moments après la comédie, ce qui s'étoit passé à votre loge; il me promit mons et merveille; tout cela se réduisit à faire venir le jeune homme chez lui en présence de Mr Vincent; il ne fit que foiblement les devoirs de sa place; il avait été sollicité par la famille Dillon, d'autant que le frère du chevalier doit épouser incessament une demoiselle Dillon; car autrement son projet était de le faire sortir de la ville dans la journée même.

Il n'y a que dans ce pays-ci où il se passe des

choses fort extraordinaires. Croyriez vous, Monsieur, qu'à la sollicitation de Mrs les Jurats, Monsieur Bertin vient d'ordonner que la décoration des maisons en face de la Comédie serait faite sur les dessins de l'architecte de la ville. Vous n'ignorez pas, Monsieur, que s'étoit comme arrangé que se seroit moy qui donneroit les dessins de cette façade. Mrs les Jurats, même en ma présence, ne vous demanderent communication de mes desseins que pour la forme; cependant je n'ignore pas qu'ils ont fait l'impossible auprès de Monsieur Bertin pour me donner cette mortification; il me semble que j'ai à revendiquer des droits, puisque c'est en quelque sorte une suitte de la décoration de ma salle que le pourtour de cette place. J'ai une observation importante à faire sur le projet qu'on se propose de suivre : c'est qu'en grandissant la place, comme on le projette, on ôte en quelque sorte à mon batiment l'armonie que j'ay cherché à y mettre, parce que pour qu'une place soit en proportion avec ce batiment, il faut qu'elle soit de 23 toises, puisque la façade de la salle de spectacle a aussi 23 toises de longueur. On a passé par dessus toutes ces règles; parce que tout ce qui a rapport au goût est ignoré dans ce pays.

Je vous prie, Monsieur, de plaider ma cause auprès du Ministre. Monsieur de Clugny l'avoit décidé, vous l'aviez aussi approuvé, tout étoit d'accord ; je ne puis comprendre comment un homme qui n'est tout au plus que vérificateur, ait l'audace de faire une cabale de personnes qui à coup sur il compromettra, d'autant qu'il n'entend nullement cette partie de décoration. Je vous préviens même que le comte de Rolly est absolument décidé à ne plus batir ; il laissera son terrein en friche en attendant la justice qu'il se propose de vous demander sur cette affaire. D'ailleurs cela contrarie le projet que vous aviez de prolonger l'alignement de la Comédie jusqu'à la place Dauphine. Cependant on en voit à présent la nécessité depuis que les maisons du Chapeau Rouge s'élèvent.

M. Vincent vint me chercher il y a quelques jours pour me demander mon avis sur quelques fenêtres de servitude qu'on voulait changer ; je m'y refusai d'abord, mais il me dit que Mr *Devalleflamberge* étant incommodé, il me priait de lui rendre ce petit service. Je m'y transportai ; je remarquai que cela ne portait aucun préjudice à l'hotel quant à la jouissance, mais qu'il falloit examiner les titres pour vous en faire part, parce que je ne connaissois pas cette partie.

Il paroit qu'on veut encor inquietter M^r de La Molère, car c'est tous les jours de nouvelles decentes d'inspecteurs et de controlleurs de la part de M^rs les Trésoriers de France. Personne que vous, Monsieur, n'est en état d'arreter toutes ses petites persecutions; deux mots de Monsieur le Contrôlleur Général finiroit toutes ces tracasseries.

M^rs les Jurats se ventent tout haut qu'ils vont bientôt me faire enrager, parce qu'ils vont avoir la direction de la Comédie, que le Ministre leur a promis; qu'en conséquence, il feront beaucoup de changements. Si cela arrivoit, je vous préviens, Monsieur, que je quitteroi sur le champ Bordeaux. Avoir affaire à de pareils gens, ce seroit abréger mes jours de plus de vingt années.

Je suis avec respect,

Monsieur,

Votre très humble et très obéissant serviteur.

V. LOUIS.

A Bordeaux, ce 1 mars 1777.

MONSIEUR,

Ma position est tout-a-fait cruel; Mr Genevois vient de passer à l'instant même chez moy, me dire qu'il n'y avoit plus de fonds dans sa caisse pour la salle de spectacle; que quand même j'aurois une ordonnance il ne pouroit l'acquiter que le cinq de ce mois: il ne doit recevoir que ce jour le restant de ce qui est dû pour les emplacements vendus. Je vais en conséquence chercher dans la bource de mes amis de quoi satisfaire aux dépenses de la quinzaine, comprise sous le nº 50, qui doit se payer ce soir, car de manquer de satisfaire les ouvriers une seule fois exposerois à n'en plus avoir de la campagne.

Je prévois que je ne pourrai pas encore finir cette année, à moins que vous ne veniez, Monsieur, au secour de cette pauvre salle; nous allons tout à l'heur manquer d'argent au point qu'on sera obligé de tout abbandonner, si vous ni porté remède; je vais, Monsieur, vous le démontrer sensiblement par le calcul cy-après.

Au 5 de ce mois, Mrs Lafitte, Lagard et Douet doivent payer la somme de 46,323l-4s-1d. Voilà le seul argent comptant qu'on aura jusqu'au 5 septembre, époque du payement de Mrs Lanoix et Douet, qui doivent compter ce jour la somme de 28,323l-17s-9d. Il est vrai que M. L'Hotte doit 38,266l-13s-4ds, mais comme il refuse de payer, on ne peut pas pour le présent compter sur cette somme; toutes ces sommes forment un total de 112,913l-15s-7d —; il reste un seul emplacement à adjuger.

Vous voyez, Monsieur, que j'ay bien besoin de toutes vos bontés pour que je ne reste pas à moitié de cette campagne; il seroit cependant bien nécessaire, pour qu'on veuille (puisse?) jouir cette année de cette salle, de forcer d'ouvriers; il est douloureux pour moy de languir comme je le fais; je vous le repette, Monsieur, je désirerois bien avoir la liberté de m'en aller à Paris, chose impossible tant que la salle ne sera pas finie.

Si Mrs les magistrats s'intéressoient un peu à cet ouvrage, ils auroient proposés de prêter l'argent qu'ils ont empruntés de Gênes pour construire leur Hôtel de Ville, il leur reste encor trois cent mille livres sur les cinq qu'ils ont emprunté aux Génevois.

Je suis persuadé, Monsieur, que si l'on étoit autorisé a emprunter en vïager une somme pour finir la salle, elle se trouveroit d'un jour à l'autre.

Il y a un moyen tout simple de trouver cent mille livres tout à l'heur : se seroit de créer cent billet de mille livres pour cent entrées à vie à la Comédie. Les actionnaires ne peuvent se refuser a ce moyen de trouver de l'argent; cent personnes de plus dans la salle ne diminue pas la recette ; à peine s'apercevront-elle de plus dans cette salle. Ce moyen n'est pas de moy, il est d'un négociant qui me la communiqué et qui offre de donner les cent mille livres, parce qu'il espère vendre ces entrées douze cent livres pièce.

Vous voyez, Monsieur, combien l'inquiettude fait faire de chemin à ma pauvre tête; je serois bien rassuré si vous vouliez donner un quart d'heure de votre tems sur cette affaire; je vous en aurois une obligation eternel, et ma reconnaissance sera aussi étendue que le profond respect avec lequel je suis,

Monsieur,

Votre très humble et très obéissant serviteur.

V. LOUIS.

A Bordeaux, ce 19 avril 1777.

Monsieur,

J'imagine que les Mrs Lafargue et L'Hotte ayant donné leur parole de compter le tier du montant des terreins qu'ils ont achetées dans la semaine prochaine, ils seront exact a faire ce payement? d'autant qu'ils en ont données leur parole d'honneur à Mr Genevois. En conséquence, je suis tranquil sur le payement des dépenses du 54me rôlle qui tombera le 26 du courent, mais je ne vois plus de fond pour subvenir aux autres, M. Lafargue ne devant payer, à ce qu'il m'a été dit, qu'en trois mois, et Mrs Doit et Lanoix qu'au mois de septembre.

Pardon, Monsieur, si je vous fait part de toutes mes inquièttudes, mais ma position l'exige et l'avenir me paroit cruel; si vous n'avez la bonté de vous intéresser à cette pauvre Comédie, je vois qu'il faudra tout cesser, mais je met toute mon espérance en vous, et suis bien reconnaissant de toutes les peines que vous voulez bien prendre à cette affaire.

Mr Lagard n'a pas manqué de passer chez moy, je lui ai dit que Mrs Lafargue et L'Hotte se disposoient à payer; il m'a paru très fâché de ce que ces terreins ne fussent pas à vendre, mais il m'a fort engagé de vous suplier de faire adjuger le plus promptement possible le terrein qui reste à vendre à un de ses amis nommé M. Castagné. Vous avez dû, Monsieur, recevoir beaucoup de lettres à ce sujet; j'ai même déjà eu l'honneur de vous en parler; il offre de payer comptant, on va tous les jours à l'Hôtel de Ville pour pouvoir terminer cette affaire, et on le refuse constament.

L'entablement de la salle de spectacle se pose pour le présent; toute l'architrave ainsi qu'une partie de la frise est posé, mais toutes les pierres qui composent cet entablement sont taillées; la voute du perystile est les deux tiers faite; si j'étois un peu aidé, j'aurois élevé d'ici à quatre ou cinq mois toutes les façades extérieures de cet édifice.

Je fais travailler aux charpentes du comble qui doit couvrir la partie du théâtre. Une partie des planchers du 2me étage sont taillées. Je vais commencer la charpente de la couverture de la salle de Concert.

Presque tout l'intérieur de la salle est posé, toutes les colonnes du pourtour sont en place; l'entablement qui couronne ces dittes colonnes servant d'apuy au 4e loges est absolument à demeure; les coupolles qui les accompagnent, ainsi que les pendentifs, sont posées depuis longtems. Tous les planchers des 2mes et troisièmes loge sont a peu près fini. Je ferai tout de suitte mettre les devantures de loges.

Les sculpteurs ont déjà fait 14 chapiteaux de l'intérieure du grand escalier, et plusieurs de la façade extérieure sont ébauchées.

M. Robin a fini le trait de toutes les figures de son plafond; il a commencé d'hier a mettre les couleurs, son travail pourra être fini d'ici à deux mois.

Je suis avec respect,

Monsieur,

Votre très humble et très obéissant serviteur.

V. LOUIS.

A Bordeaux, ce 3 may 1777.

MONSIEUR,

Combien ne vous dois je pas de remercimens des bontés que vous voulez bien me témoigner sur toutes les affaires qui me retiennent ici. Je n'oublierai jamais l'intérêt et le zèle que vous mettez à me faire du bien, puisqu'en assurant les fonds pour terminer le monument qu'on a bien voulu me confier, c'est absolument décider ma tranquillité; obligation d'autant plus grande, que je suis assuré que les travaux languirroient, peut être même abbandonnés, s'il n'étoient pas sous votre protection.

Le croiriez vous, Monsieur, que d'après les ordres du Ministre et les vôtres à l'Hôtel de Ville pour fournir 150,000 liv. sur l'emprunt de Gêne, M^rs^ les Magistrats ayent osés dirent qu'ils feroient toutes les difficultés imaginable pour me laisser sans le sol; qu'on feroit mieux de suspendre les travaux de la salle de spectacle que de s'adresser à eux, et beaucoup d'autres propos que je ne mérite pas. Je crois qu'il est inutile de compter sur cet argent pour accélérer les ouvrages de la salle de spectacle, car ils vont mettre toute la lenteur possible à cette affaire. Il est bon que vous sachiez, Monsieur, que nonobstant leur mauvaise volonté, il ne s'est trouvé de ces fonds de Gêne que trente deux mille livres dans leur caisse; je sens que cela les mets dans un furieux embarras, mais il ne doivent pas rejetter sur moy l'humeur qu'ils ont dans cette circonstance. Pourquoi ont-ils pris sur un dépot qui devait être sacré pour eux? Ce n'est pas à moy à pénétrer leur affaire; je ne me plains que de leur propos indescent. Ils tachent de soulever le peuple contre moy, en répétant sans cesse que je ruine la ville, et que je trouble le bon ordre de la Jurade; je ne sais pas même si ce n'est pas par leur instigation que dans les dernières remontrances de la Cour des Aydes *(il a été dit)*[1] que l'impot du sel n'avoit été mise que pour fournir aux dépenses de la salle de spectacle; c'est employer contre moy des armes bien dangereuses; je ne sai qui m'a pu attirer leur haine; j'imaginois que ne cherchant qu'à embellir leur ville, employant le fruit de mes études pour leur

[1] Mis au crayon au-dessus de la ligne

gloire, je trouverrois en eux autant d'amis qui me donneroient de la confiance, qui m'encourageroient à suporter tranquillement le temps que je passe chez eux; point du tout, ils cherchent à troubler mon âme par des malhonnetetés qui ne se pardonne pas aux gens bien nés.

Je ne vous ai point moins d'obligation, Monsieur, sur la décision que vous avez bien voulu faire en ma faveur relativement à la décoration de la façade vis-à-vis la salle de spectacle. Mrs du Bureau des finances vont procédés à cet alignement; ils se sont déja même transporté à l'Hôtel de Ville relativement à cette affaire; ils ont trouvés Mrs les Jurats fort indisposés de cette décision; ils se proposent très fort de revenir contre, disant qu'ils ne passeront jamais si leur projet ne prêvot pas sur les autres. Ils doivent avoir écrit à cet effet à Monsieur Bertin.

J'aurai l'honneur de vous rendre exactement compte de tout ce qu'on fera à cet égard, il me paroit que Mrs les Trésoriers ne sont pas fachés que cela soit réglé ainsi. Si nous n'étions pas tracassé par Mrs les Jurats, ce seroit une affaire bientôt terminée. Je suis à faire les projets pour vous les faire parvenir; vous verrez, Monsieur, qu'ils ne contrarient pas le superbe projet que vous avez de continuer l'alignement de la salle de spectacle jusqua la porte Dauphine, en suprimant le pan coupé ; la façade se terminera à l'alignement de la salle de spectacle, en conséquence des maisons qui se construisent le long de la rue du Chapeau Rouge, en allant vers la grille de la porte Royale.

Le terrein qu'avoit Mr Lanoix a été cédé à Mr Castain. Mr Genevois m'a dit qu'il le payeroit quand on voudroit. On a indiqué à vendredy prochain l'adjudication du dernier terrein restant à vendre. Beaucoup d'acquéreur se proposent de revendre à l'Hôtel de Ville. On a mis sur les affiches qu'on seroit obligé de le payer comptant.

Mr de Lafargue m'a fait proposer que si on n'avoit besoin de ses fonds, c'est-à-dire de ce qu'il doit sur les deux terreins qu'il a achetés, il payeroit quand on voudroit, en retenant l'escompte à cinq pour cent.

Je suis avec le plus profond respect,

Monsieur,

Votre très humble et très obéissant serviteur.

J.-V. LOUIS.

A Bordeaux, ce 7 juin 1777.

Monsieur,

J'ay receu avec reconnaissance les deux ordonnances que vous avez eu la bonté de me faire parvenir; l'une servira à remplacer un billet que j'ay fait à Mr Genevois pour les avances qu'il m'a fait de la quinzaine passée, et l'autre, sous le n° 57, acquittera les dépenses de cette quinzaine qui doit être payé ce soir.

J'avois prévenu vos désirs, Monsieur, car depuis longtemps je ne fais travailler que pour pouvoir me mettre à couvert; je néglige absolument toutes les parties qui ne tendent pas a ce but, il n'y a que dans l'intérieure de la salle que j'ay des ouvriers; comme c'est la partie principale et chargé d'un détail infini, je n'ai pas cru la laisser en arrière, d'autant que c'est la seule chose qu'il faille rechercher dans tous les points.

L'espérance que vous me donné en ce que M. Doizan fera les avances des fonds qui restent a recouvrer me tranquilise beaucoup. Le dernier terrein a été payé, moitié en argent, et moitié en papier a six mois d'échéance. C'est M. Saige, avocat-général, qui l'a fait acheter pour son compte.

Il y a lieu de croire que le bail des octrois se passera bientôt, on le dit ainsi à Bordeaux; personne ne le désire aussi vivement que moy, car je vois que c'est absolument la cheville ouvrière de la salle de spectacle dans ce moment-ci.

Je vous avouerai, Monsieur, que tout ce que vous me faite l'honneur de me dire sur l'affaire du Château Trompette m'a surpris a un point que je ne puis exprimer; j'avois regardé cette affaire comme un beau rève que j'avois fait, et j'étois bien loin de croire à la réussite de ce projet; cependant il n'est aucun mortel a qui j'aye fait voir ce plan, qui n'en ait été, j'ose le dire, enchanté.

Je verai aussitôt son arrivée Monsieur De Vault. Je ferai un projet détours qui entrera certainement dans ses vües; cela otera bien de l'agrément que je me proposois de donner a ces deux batimens d'Intendance et de Gouvernement, mais je vais chercher à faire de mon mieux pour que vous soyez content de moy. Je me garderai bien, d'après ce que vous me ditte de Mr De Vault, de porter aucun obstacle au projet des deux tours; je ferai en sorte au contraire qu'il soit content de la pensé qu'il a eü sur cet objet. J'aurai l'honneur de vous faire parvenir un double de ce que je lui aurai montré.

Je ne puis vous taire l'entousiasme de Monsieur le comte d'Artois sur la Comédie, il y est resté plus de trois quart d'heure; il a tout visité avec l'air de la plus grande satisfaction. Pour la première fois de leur vie, Mrs les Jurats ont cherchés a me dire des choses honnêtes, mais je n'en n'ai fait aucun cas, cela ne partoit pas de leur cœur; ils vouloient faire le singe du Prince, qui effectivement m'accabloit de bontés; il a pris même la peine de leur dire qu'ils se devoient trouver bien heureux de m'avoir pour leur faire une aussi belle salle de spectacle; il m'a fait demander a quatre fois différentes pour examiner les plans, et il m'a donné à chaque fois un quart d'heure. Je ne puis vous rendre, Monsieur, tout ce que le Prince m'a dit d'obligeant, mais il m'a fort assuré qu'il parleroit à M. le Contrôlleur général pour me procurer les moyens de finir ce batiment promptement. Je ne sai s'il se ressouviendra de moy, mais il me l'a promi.

Je suis avec un profond respect,

Monsieur,

Votre très humble et très obéissant serviteur.

V. LOUIS.

A Bordeaux, ce 24 juin 1777.

MONSIEUR,

J'avois eu l'honneur de vous dire que l'Empereur, en mettant le pied à Bordeaux, avoit demandé de le faire conduire à la nouvelle salle de spectacle; qu'il n'y étoit resté que très peu de temps, attendu l'influence de monde qui le poursuivoit de tous côtés; on enfonçât même les portes, ce qui l'obliga de se sauver presque toujours en courent jusque ches lui; il me fit dire le lendemain qu'il viendroit visiter la nouvelle salle à quatre heures l'après midy, mais qu'il me prioit en grace qu'il n'y eut absolument personne dans l'intérieure. J'avois oublié de vous dire, Monsieur, que j'avois été chez lui pour prendre ses ordres, et que n'ayant pu lui parler, j'avois prié un seigneur de sa suitte nommé Mr le comte de Gobenzl de lui demandé l'heur à laqu'elle il vouloit visiter mon attellier. Il vint à quatre heures et demy, après avoir visité le château Trompette; Monsieur le maréchal de Mouchy le précédat de quelques minutes. Je fu au devant de lui jusqu'au dehors de l'attellier; j'eus le tems de lui dire que je le priois, avant que de porter aucun jugement sur la salle, de vouloir bien me permettre de lui montrer les plans et élévation de cet édifice, que j'avais fait porter dans la salle même : je lui demandai cette faveur parce que j'avois apris par Monsieur le maréchal de Mouchy, qui le fu voir aussitôt son arrivée, qu'il avoit dit que l'amphitéâtre lui avoit paru petit; il regarda avec la plus grande attention tous mes projets; il me fit plusieurs objections auxquels je répondis d'une manière qui parut le satisfaire; je ne manquai pas de le conduire à l'amphitéâtre; il convint que son œil l'avait trompé; qu'il étoit trés grand, mais que le parterre étant plus bas, cela lui avoit dérobé le développement et la surface de l'emplacement. Il resta cinq quart d'heure; il parcourut générallement tout, monta jusqu'au faitage, dessendit jusqu'au plus bas sol. J'eus la satisfaction de le voir content, et en s'en allant il répetta quarente fois : *c'est un monument et c'est un beau monument.* Il m'engagea de l'aller voir le lendemain afin de lui expliquer la manière dont se construisoit la colonne sur l'angle du perystile, qui me parut le surprendre beaucoup; il me prévint le lendemain, car il m'envoya dire qu'il me prioit de passer chez lui a une heure, parce que s'étoit le moment où il seroit le plus libre afin de passer une demy heure avec moy.

J'avais heureusement fait faire un model en bois de cette partie intéressante de mon batiment relativement à la coupe des pierres; je ne puis vous rendre, Monsieur, le contentement que cela lui procura; il me dit qu'il ne connoissoit personne plus ingénieux que moy et me combla d'éloges.

Mr le comte de Cobenzl, seigneur de sa cour, homme singulièrement instruit, avait passé au moins deux heures ches moy à visiter mes portesfeuiles; je m'appercus qu'il avoit fait passer l'enthousiasme dans lequel je l'ai vüe pour mes ouvrages, dans la tête de l'Empereur. Il a beaucoup plus parlé de moy que je ne méritois, car il n'est pas possible qu'en exenant (examinant) une heure de tems les ouvrages d'un artiste, on puisse l'apprécier.

•Mr le comte de Cobenzl a passé hier toute la matinée avec moy. L'Empereur étoit partit à quatre heures du matin ; il a visité de nouveau la salle de spectacle ; il y est resté au moins trois heures. J'ai cru m'appercevoir qu'il en vouloit faire une espèce de relation au Prince, car il a tout visité avec la plus grande attention. Il m'a prié de le conduire sur tous les attelliers que je conduisois; il a tout vue avec la même attention; il a paru frappé d'un escalier que j'ai fait faire chez un négociant. C'est effectivement un morceau des plus hardis pour la coupe des pierres. Je le quittai à près de deux heures, et j'allai chez lui le soir pour prendre congé de lui; il devait partir ce matin à trois heures pour aller rejoindre l'Empereur, qui doit se rendre jeudi à Toulouse, ayant été visité seul Bayonne. Il m'a dit qu'il rendroit compte à l'Empereur de tout ce qu'il avoit vue de moy, d'autant que ce prince savoit qu'il devoit passer la matinée avec moy.

Il se vend un ode que le Prince a permis qu'on imprimat; permettai que je la joigne à ma lettre. Il y a quelque chose pour moy; j'en suis si étonné, que je vous le fais parvenir comme chose fort extraordinaire. Je n'imaginois pas qu'un citoyen de Bordeaux pu faire une chose honnête.

Je suis avec le plus profond respect,

Monsieur,

Votre très humble et très obéissant serviteur.

V. LOUIS.

P.-S. J'ai eu l'honneur de vous prévenir que Mr Genevois ne pouvoit plus me donner un sol. Je ne sai comment je ferai au 5 du mois prochain, qui est le jour de la peye des dépenses du 59e rolle; cela me cause un chagrin que je ne puis vous exprimer; ayez pitié, Monsieur, de la situation dans laqu'elle je me trouve, car je ne puis plus suporter cet état d'incertitude.

A Paris (Bordeaux), ce 28 juin 1777.

MONSIEUR,

Les propriétaires de la rue Mautrec, ainsi que ceux des maisons sur la place en face de la nouvelle salle de spectacle, doivent vous témoigner leur satisfaction d'avoir pris leur déffense sur le tort qu'on vouloit leur faire; ils m'ont témoigné être bien sensible aux bontés que vous voulez bien avoir pour eux en prenant leur déffence; ils se sont empressés de faire trois mémoires dont il y en a un pour vous, Monsieur, un pour Monsieur le Contrôlleur-général et un pour Mr Bertin; ils m'ont communiqué la lettre qu'ils adressent à chacun de ces Messieurs, j'en ai pris copie que j'ai cru nécessaire de vous faire parvenir. Je ne puis vous rendre l'alarme que leur cause Mrs les Jurats dans cette occasion; ils se plaignent fort haut d'eux en cette occasion, et je crois que cette affaire la causeroit beaucoup de désordres si vous ne l'arrangiez pas. Je ne puis trop vous repetter, Monsieur, combien ils sont sensibles à ce que vous voulez bien faire pour eux; ils enverront par ce même ordinaire leur requête.

J'ay adressé un mémoire pour l'affaire des nommés Jean Surin frères, métayers à Nauzegrand, paroisse de Fronsac, que j'ai l'honneur de vous adresser. Je ne vous avance rien que je ne sois en état de vous en donner les plus grandes preuves.

Je me suis permis quelques observations sur la façade que M[rs] de la ville ont envoyé à Mr de Bertin; on a jamais tant écrit sur un sujet qui le méritoit si peu; mais il ne suffisoit pas que vous m'ordonnassiez de dire mon sentiment pour que je le fis sans réplique. J'ai fait part à M. Robin du précis de la lettre que vous m'avez fait l'honneur de m'écrire à son sujet; je l'ai vu de mauvaise humeur d'être réduit à faire les quatre pendentifs; cependant je lui ai fait sentir la nécessité que ce travail fu fait par lui. Je lui ai fort persuadé qu'on n'auroit jamais acaissé à lui donner trente milles livres, s'il n'avoit pas consenti par écrit à ce charger de cet ouvrage; il m'a effectivement dit l'avoir fait, mais il s'étoit réservé à faire des représenstations. Je lui ai dit qu'il avait le même droit, et que cela ne devoit pas l'arrêter à faire cet ouvrage; il m'a promis de commencer d'ici à peu de jours les pendentifs. Son plafond sera fini d'ici à huit jours; il est très beau.

Mr Genevois m'a fait espérer que le caissier de Mr Doisan lui donneroit dix mille livres pour acquitter le montant du 59e rolle. Il ne m'a pas dit les arrangements qu'il avoit pris avec lui, pour qu'il put lui donner des fonds sans que Mr Genevois put lui donner des effets, n'ayant rien entre es mains qui puisse lui servir de titre pour faire payer ce qui est encoré dû sur les terreins du Chapeau-Rouge. Mr Genevois m'a dit avoir écrit à ce sujet, et il me paroit fort embarassé du parti qu'il a à prendre dans la position où il se trouve.

Je suis avec le plus profond respect,

Monsieur,

Votre très humble et très obéissant serviteur.

V. LOUIS.

P.-S. Monsieur Genevois sort de chez moy qui vient de me dire, Monsieur, que le caissier de Mr Doizan ne vouloit pas lui donner d'argent sans qu'il lui donna des effets. Ainsi me voilà sans ressources, ni sans espérance, car Mr Genevois n'a point de titre à donner en échange. C'est une position bien cruelle pour moy; je ne sais comment je vais faire avec ces ouvriers. J'attends vos ordres pour déterminer ce que je dois faire, car je ne puis plus tenir à l'incertitude dans lequel je me trouve. Malheureusement je ne pourroi avoir une réponse que quatre jours après l'époque de la peye des ouvriers, qui doit se faire le 5 juillet pour le rôlle n° 59; le n° 58 a été acquité par Mr Genevois.

Bordeaux, ce 1 juillet 1777.

MONSIEUR,

C'est envain que j'ay sollicité le caissier de Monsieur Doizan pour faire l'avance de la quinzaine payable le 5 du présent, comprise sous le nº 59. Je vais chercher dans la bourse de mes amis de quoi faire face aux ouvriers, car ces gens là mettroient l'alarme dans toute la ville s'ils n'étoient point satisfait de leurs peines aux termes accoutumés.

Je vous prie en grâce, Monsieur, de me dire ce qu'il me reste a faire pour que ma position ne soit pas cruel comme ell'est pour ce présent; j'ose vous assurer que cela prend beaucoup sur ma santé, et que j'aime mieux tout abbandonner que d'éprouver une pareille situation.

Je suis avec le plus profond respect,

Monsieur,

Votre très humble et très obéissant serviteur.

V. LOUIS.

www.ingramcontent.com/pod-product-compliance
Ingram Content Group UK Ltd.
Pitfield, Milton Keynes, MK11 3LW, UK
UKHW012257240726
13966UKWH00004B/1456